Bowlen kommen einfach nicht aus der Mode!

Was in den 70er Jahren schon für gute Laune sorgte, bringt auch heute noch jede Party in Schwung. Lassen Sie sich die süffigen Klassiker oder Neukreationen schmecken, und sorgen Sie mit frischen Früchten, kühlem Wein und Sekt für prickelnde Stimmung unter Ihren Gästen.

BOWLEN

Melonenbowle

Ein frischer Begrüßungsdrink für liebe Gäste.

Erfrischend

Zutaten für 1 Bowlengefäß
von 4–5 l Inhalt:
1 Honigmelone
1 Galiamelone
1 Netzmelone
1/4 Wassermelone
1 Limone
2 EL Puderzucker
4 cl heller Portwein (z. B. von Sandemann)
2 Flaschen Weißwein
1 Flasche Sekt (z. B. Mumm Brut)
1 Flasche Mineralwasser
einige Minzeblättchen

• Zubereitungszeit: 20 Min.
• Kühlzeit: 1 Std.

Pro Glas (150 ml) etwa: 310 kJ/75 kcal

1

Die ganzen Melonen halbieren und die Kerne entfernen. Mit dem Kugelausstecher aus dem Fruchtfleisch aller Melonen kleine Kugeln ausstechen.

2

Die Limone halbieren, den Saft auspressen. Limonensaft mit Puderzucker und Portwein verrühren und über die Melonenkugeln gießen.

3

Die Melonenkugeln zugedeckt im Kühlschrank 1 Std. durchziehen lassen. Danach mit gut gekühltem Wein, Sekt und Mineralwasser auffüllen. Die Bowle in Gläser füllen, mit Minzeblättchen dekorieren und servieren.

Variante
Von den Melonen jeweils einen Deckel abschneiden. Das Fruchtfleisch herauslösen, die Kerne entfernen. Aus dem Fruchtfleisch mit dem Ausstecher Kugeln ausstechen. Die Bowle wie oben beschrieben zubereiten und in die ausgehöhlten Melonenschalen füllen.

Erdbeerbowle

Mit Hansens Bowle lassen sich die ersten Sommertage feiern.

Aus Schweden

Zutaten für 1 Bowlengefäß
von 4–5 l Inhalt:
4 EL Zucker
750 g Erdbeeren
6 cl Wodka (z. B. Absolut Vodka)
3 Flaschen trockener Weißwein
1 Flasche Sekt (z. B. Mumm Extra Dry)

• Zubereitungszeit: 20 Min.
• Kühlzeit: 1 Std.

Pro Glas (150 ml) etwa: 330 kJ/80 kcal

1

Den Zucker in einem Topf mit 10 EL Wasser kochen, bis sich der Zucker gelöst hat. Die Erdbeeren waschen und je nach Größe halbieren oder vierteln.

2

Die Erdbeeren mit der Zuckerlösung und dem Wodka vermischen und in ein Bowlengefäß füllen. 1 l Weißwein darüber gießen und die Erdbeermischung 1 Std. im Kühlschrank durchziehen lassen.

3

Vor dem Servieren die Erdbeerbowle mit restlichem gekühltem Weißwein und Sekt auffüllen.

Varianten
Die Erdbeeren vorbereiten und mit 100 ml Erdbeersirup und 4 cl Grand Marnier vermischen. Im Kühlschrank zugedeckt 1 Std. ziehen lassen. Danach mit Wein und Sekt auffüllen.
Schnelle Erdbeerbowle: 500 g tiefgefrorene Erdbeeren mit 2 EL Zucker vermischen. In ein Bowlengefäß geben und mit gekühltem Weißwein auffüllen.

Maibowle

Ein Klassiker, der den Frühsommer ein-
läutet.

Erfrischend

Zutaten für 1 Bowlengefäß
von 4–5 l Inhalt:
1 Handvoll Waldmeister ohne Blüte
(etwa 12 g)
2 Flaschen trockener Riesling
2 cl Waldmeistersirup nach Belieben
1 Flasche Sekt (z. B. MM Extra)
1 Flasche Mineralwasser

• Zubereitungszeit: 25 Min.
• Ruhezeit: über Nacht
• Kühlzeit: 1 Std.

Pro Glas (150 ml) etwa: 210 kJ/50 kcal

1

Den Waldmeister waschen, zwischen
Küchenpapier trockentupfen und über
Nacht stehenlassen.

2

Am nächsten Tag die angewelkten
Waldmeisterblättchen mit 1/2 Flasche
Wein übergießen und 1 Min. ziehen las-
sen. Den Wein durch ein Sieb in ein
Bowlengefäß geben und evtl. mit
dem Waldmeistersirup vermischen.
Zugedeckt 1 Std. kühl stellen.

3

Die Bowle mit restlichem Wein, Sekt
und Mineralwasser auffüllen und gut
gekühlt servieren.

Waldmeister wächst zwischen April
und Juni in schattigen Mischwäldern
und sollte vor der Blütezeit geerntet
und verwendet werden. Das typische
Aroma (Cumarin) entsteht erst nach
dem Anwelken der Blätter. Waldmeister
sollten Sie nur in geringen Mengen ver-
wenden; für 1 Liter Bowle rechnet man
etwa 3 g Waldmeister.

Cidrebowle

Eine erfrischende Bowle mit Äpfeln –
etwas für den Herbst.

Gelingt leicht

Zutaten für 1 Bowlengefäß
von 4–5 l Inhalt:
1/2 l klarer Apfelsaft
2 Zimtstangen
2 EL brauner Zucker
4 aromatische Äpfel
1 Flasche trockener Weißwein
2 Flaschen Cidre brut
1 Flasche Sekt (z. B. Jules Mumm
Medium Dry)

- Zubereitungszeit: 25 Min.
- Kühlzeit: 2 Std.

Pro Glas (150 ml) etwa: 310 kJ/75 kcal

1

Den Apfelsaft mit den Zimtstangen und
dem braunen Zucker 5 Min. bei starker
Hitze kochen. Die Zimtstangen entfernen und den Saft abkühlen lassen.

2

Die Äpfel schälen und um das Kernge-
häuse herum mit dem Apfelausstecher
Kugeln des Fruchtfleischs ausstechen.

3

Die Apfelkugeln mit dem Apfelsirup
vermischen und in ein Bowlengefäß
geben. Mit 1/2 l Weißwein übergießen
und im Kühlschrank 2 Std. durchziehen
lassen.

4

Vor dem Servieren die Apfelmischung
mit dem gut gekühlten Cidre, dem rest-
lichen Wein und Sekt auffüllen.

In der **Adventszeit** ist diese Bowle eine
kühle Alternative zu Punsch.

Früchtebowle

Ein sommerlicher Aperitif mit Pfirsichen und Champagner.

Aus Frankreich

Zutaten für 1 Bowlengefäß
von 4–5 l Inhalt:
4 weiße Pfirsiche
1 Orange
100 g Herzkirschen
3 EL Puderzucker
6 cl milder Portwein (z. B. Porto Tawny von Sandemann)
2 Flaschen Chablis (französischer Weißwein)
1 Flasche Champagner (z. B. Perrier-Jouet)
einige Minzezweige

• Zubereitungszeit: 20 Min.
• Kühlzeit: 1 Std.

Pro Glas (150 ml) etwa: 310 kJ/75 kcal

1

Die Pfirsiche waschen, schälen und in dünne Spalten schneiden. Die Orange schälen, halbieren und quer in Scheiben schneiden. Die Herzkirschen waschen und trockentupfen.

2

Die Früchte mit dem Puderzucker vermischen, den Portwein dazugießen und in ein Bowlengefäß füllen. Mit dem gut gekühlten Chablis auffüllen und zugedeckt 1 Std. kühl stellen.

3

Vor dem Servieren den Champagner zu der Bowle geben. Die Früchtebowle in vorgekühlte Weißweingläser füllen und diese mit Minzezweigen garnieren.

Variante
Bereiten Sie Zuckersirup zu (siehe Seite 19), gießen Sie ihn über die vorbereiteten Früchte und füllen Sie diese Mischung mit Wein und Sekt auf.

Sangria

Dieser Klassiker schmeckt nicht nur am Mittelmeer.

Aus Spanien

Zutaten für 1 Bowlengefäß
von 4 l Inhalt:
2 unbehandelte Orangen
2 unbehandelte Zitronen
2 große Äpfel
3 EL Zucker
6 cl Maraschino
6 cl Brandy (z. B. Capa Negra von Sandemann)
3 Flaschen Rioja (spanischer Rotwein)

• Zubereitungszeit: 30 Min.
• Kühlzeit: 1 1/2 Std.

Pro Glas (150 ml) etwa: 370 kJ/90 kcal

1

Die Orangen und Zitronen heiß waschen und trockenreiben. Die Früchte samt Schale in 2 cm große Würfel schneiden, dabei die Kerne entfernen. Die Äpfel waschen, trockenreiben und samt Schale ebenfalls in 2 cm große Würfel schneiden.

2

Die Früchte mit dem Zucker vermischen und in ein Bowlengefäß geben. Maraschino und Brandy darüber gießen und zugedeckt im Kühlschrank 30 Min. ziehen lassen.

3

Den gekühlten Rotwein zu der Bowle geben, vorsichtig umrühren und nochmals für 1 Std. zugedeckt in den Kühlschrank stellen.

4

Zum Servieren die Sangria in Gläser füllen. Nach Belieben können Sie Eiswürfel dazugeben.

Leichter wird die Sangria, wenn Sie zusätzlich 1 Flasche stilles **Mineralwasser** dazugeben.

Rote Beerenbowle

Fruchtig-frische Bowle für heiße Sommertage.

Raffiniert

Zutaten für ein Bowlengefäß
von 4 l Inhalt:
400 g gemischte Beeren (Himbeeren, Johannisbeeren, Erdbeeren und Brombeeren)
100 ml Himbeersirup
8 cl Wodka mit Johannisbeer-Extrakt
(z. B. Absolut Kurant)
3 Flaschen Mineralwasser

• Zubereitungszeit: 20 Min.
• Kühlzeit: 1 Std.

Pro Glas (150 ml) etwa: 100 kJ/20 kcal

Die Beeren putzen und vorsichtig unter fließendem Wasser abbrausen. Auf Küchenpapier ausbreiten und gut trocknen lassen (siehe Seite 18).

Die Beeren mit dem Himbeersirup und dem Johannisbeer-Wodka vermischen und in ein Bowlengefäß füllen. Zugedeckt im Kühlschrank 1 Std. durchziehen lassen.

Vor dem Servieren die Beerenbowle mit gut gekühltem Mineralwasser auffüllen und in Gläser geben.

Variante
Schneller geht's, wenn Sie 300 g gemischte Beeren aus der Tiefkühltruhe nehmen. Mit Himbeersirup und Wodka zugedeckt 1 Std. stehenlassen. Die Bowle mit gut gekühltem Mineralwasser auffüllen und servieren.

Früchte für die Bowle vorbereiten

1 Schöne reife Beeren waschen, auf einem Tuch ausbreiten und trocknen lassen.

3 Mangos am Kern entlang aufschneiden. Die Hälften in Scheiben und dann in Würfel schneiden.

2 Ananas in Scheiben schneiden, mit dem Apfelausstecher den Strunk herausdrehen. Die Scheiben schälen.

4 Eine Zitrone für die Kalte Ente (Rezept Seite 24) spiralförmig abschälen.

Zuckersirup

1 250 g Zucker mit 300 ml Wasser aufkochen und unter Rühren einige Minuten einkochen lassen.

3 1 EL Sirup über die vorbereiteten Früchte für die Bowle gießen.

2 Den Zuckersirup nach dem Erkalten in eine Flasche füllen.

4 Wein und Sekt dazugießen und die Bowle vorsichtig umrühren.

Exotische Bowle

Damit kann man Fernweh schnell überwinden.

Gelingt leicht

Zutaten für 1 Bowlengefäß
von 3–4 l Inhalt:
2 reife Mangos
1 Papaya
1 Karambole
100 g Physalis (Kapstachelbeeren)
1/8 l Maracujasirup (Fertigprodukt)
1/8 l frischgepreßter Orangensaft
2 Flaschen Prosecco (z. B. Gianni Kattus)

• Zubereitungszeit: 30 Min.
• Kühlzeit: 1 Std.

Pro Glas (150 ml) etwa: 270 kJ/65 kcal

Füllen Sie Orangensaft und Maracujasaft in lustige **Eiswürfelbehälter**. Tiefgefroren in die Bowle geben.

Variante
Nehmen Sie statt Prosecco stilles Mineralwasser, dann können auch Kinder diese fruchtige Bowle genießen.

1

Die Mangos längs am Stein entlang aufschneiden. Mit einem Löffel das Fleisch aus der Schale lösen. Das Fruchtfleisch in 2 cm große Würfel schneiden (siehe Seite 18). Die Papaya mit einem Sparschäler oder Messer schälen. Die Frucht längs halbieren. Mit einem Löffel die Kerne sorgfältig herauslösen. Die Fruchthälften der Länge nach in Spalten schneiden, diese würfeln.

2

Die Karambole waschen und trockentupfen, in Scheiben schneiden, die Scheiben vierteln. Die Physalis aus den Hülsen lösen, vorsichtig waschen und halbieren.

3

Die vorbereiteten Früchte mit dem Maracujasirup und dem Orangensaft vermischen und zugedeckt 1 Std. durchziehen lassen.

4

Vor dem Servieren die Früchte-Sirup-Mischung mit gut gekühltem Prosecco auffüllen.

Rosenbowle

Ein Hauch von Luxus umgibt dieses edle Getränk.

Für Gäste

Zutaten für 1 Bowlengefäß
von 3 l Inhalt:
6 duftende, ungespritzte rote Rosen
2 EL Zucker
4 Spritzer Rosenwasser (aus der Apotheke)
1 Flasche trockener Riesling
2 Flaschen Champagner (z. B. Perrier-Jouet Grand Brut)
oder 2 Flaschen Sekt (z. B. Mumm Dry)

• Zubereitungszeit: 15 Min.
• Kühlzeit: 4 Std.

Pro Glas (150 ml) etwa: 290 kJ/70 kcal

Die Rosenblätter abzupfen und verlesen, kalt abbrausen und auf Küchenpapier oder einem Tuch trocknen lassen. Einige Rosenblätter beiseite legen.

Den Zucker mit Rosenwasser und Wein gut verrühren. Die vorbereiteten Rosenblätter in ein Bowlengefäß geben und mit der Rosenwasser-Wein-Mischung übergießen. Zugedeckt 4 Std. in den Kühlschrank stellen. Dabei ab und zu umrühren.

Vor dem Servieren den Rosenbowlenansatz aus dem Kühlschrank nehmen und durch ein Sieb schütten. Mit gekühltem Champagner oder Sekt auffüllen. Die beiseite gelegten Rosenblätter in die Bowle geben. Diese in Gläser füllen und servieren.

Auf einer mit **Rosen** geschmückten Tafel wirkt diese Bowle natürlich besonders schön.

Kalte Ente

Der Klassiker paßt in jede Jahreszeit und zu jeder Gelegenheit.

Schnell

Zutaten für 1 Bowlengefäß
von 3 l Inhalt:
2 Flaschen trockener Riesling
1 unbehandelte Zitrone
1 Flasche Sekt (z. B. Mumm Brut)

• Zubereitungszeit: 10 Min.
• Kühlzeit: 30 Min.

Pro Glas (150 ml) etwa: 350 kJ/80 kcal

1

Den gut gekühlten Riesling in einen Glaskrug oder in eine gläserne Bowlenschüssel füllen.

2

Die Zitrone heiß abwaschen und trockentupfen. Die Zitronenschale spiralförmig abschälen (siehe Seite 18) und in den Wein geben. Im Kühlschrank 30 Min. ziehen lassen.

3

Vor dem Servieren die Zitronen-Wein-Mischung mit eiskaltem Sekt aufgießen und die fertige Kalte Ente in Weißweingläser geben.

Von Mai bis Anfang Juli gibt es frische Holunderblüten. In dieser Zeit können Sie einige frische ungespritzte Holunderblüten in die Bowle geben.

Variante
Probieren Sie einmal die schnelle Holunderbowle: 100 ml Holunderblütensirup (Fertigprodukt) mit den angegebenen Zutaten verrühren und in Gläsern servieren.

Kumquatbowle

Als Digestif nach dem Menü schmeckt sie besonders gut.

Gelingt leicht

Zutaten für 1 Bowlengefäß von
3–4 l Inhalt:
10 frische Kumquats (Zwergorangen)
4 EL Zucker
6 cl Bourbon-Whiskey (z. B. Jim Beam)
1 Flasche Ginger-Ale (750 ml)
2 Flaschen Sekt (z. B. MM extra)

- Zubereitungszeit: 25 Min.
- Kühlzeit: 2 Std.

Pro Glas (150 ml) etwa: 290 kJ/70 kcal

Die Kumquats waschen, trockentupfen und in dünne Scheiben schneiden. Den Zucker mit 10 EL Wasser kochen, bis sich der Zucker gelöst hat. Die Zuckerlösung heiß über die Kumquatscheiben gießen und zugedeckt erkalten lassen.

Den Whiskey und das Ginger-Ale zu den Kumquats geben. Die Mischung zugedeckt im Kühlschrank 2 Std. durchziehen lassen.

Vor dem Servieren den gut gekühlten Sekt zu der Bowle geben, vorsichtig umrühren und in Gläser füllen.

Ginger-Ale ist eine mit Ingwer gewürzte, kohlensäurehaltige Limonade, die sehr gut mit Whiskey harmoniert. Für kleinere Mengen Bowle kann man zum Ansetzen auch 2 Dosen Jim Beam & Ginger Ale nehmen.

Ananasbowle

Die erfrischende Bowle ist auch als Aperitif geeignet.

Für Gäste

Zutaten für 1 Bowlengefäß von
4–5 l Inhalt:
1 Ananas
100 ml Ananassirup
50 g Puderzucker
8 cl Madeira (z. B. von Sandemann)
1 Flasche Roséwein
3 Flaschen leichter Weißwein

• Zubereitungszeit: 25 Min.
• Kühlzeit: 2 1/2 Std.

Pro Glas (150 ml) etwa: 330 kJ/80 kcal

1

Die Ananas in 2 cm dicke Scheiben schneiden. Mit einem Apfelausstecher den Strunk herausschneiden und mit einem scharfen Messer die Schale entfernen (siehe Seite 18). Die Ringe in Achtel schneiden.

2

Die Ananasstückchen in ein Bowlengefäß geben. Ananassirup und Puderzucker verrühren und mit dem Madeira über die Früchte gießen. Zugedeckt 2 Std. in den Kühlschrank stellen. Danach den Roséwein angießen, die Bowle gut verrühren und nochmals für 30 Min. zugedeckt kühl stellen.

3

Vor dem Servieren die Ananasbowle mit dem gut gekühlten leichten Weißwein auffüllen.

Variante
Blue Hawaii-Bowle: Die Ananas wie oben angegeben vorbereiten. 2 Kiwis schälen und achteln. Kiwis, Ananas, Ananassirup und Puderzucker verrühren und in ein Bowlengefäß geben. Zugedeckt für 1 Std. kühl stellen. Vor dem Servieren 6 cl Curaçao blue und 2 Flaschen Prosecco zu dem Bowlenansatz geben und vorsichtig umrühren.
Für die Bowle eignen sich auch Ananasringe aus der Dose.

Litschibowle

Eine außergewöhnliche und erfrischende Bowle, ganz ohne Alkohol.

Raffiniert

Zutaten für ein Bowlengefäß
von 4 l Inhalt:
4 Beutel grüner Tee mit Litschigeschmack
24 Litschis, frisch oder aus der Dose
20 rote Herzkirschen, frisch oder aus
dem Glas
500 ml Kirschsaft
2 l klarer Apfelsaft

• Zubereitungszeit: 20 Min.
• Kühlzeit: 1 Std.

Pro Glas (150 ml) etwa: 310 kJ/75 kcal

1

1 1/2 l Wasser aufkochen, kurz abkühlen lassen und die Teebeutel damit übergießen. Den Tee zugedeckt 5 Min. ziehen lassen, dann die Teebeutel entfernen.

2

Frische Litschis schälen und jeweils den Kern herauslösen. Litschis aus der Dose abtropfen lassen. Die frischen Kirschen waschen und entsteinen. Kirschen aus dem Glas abtropfen lassen.

3

Kirschen und Litschis in ein Bowlengefäß geben und mit dem Litschitee übergießen. Zugedeckt 1 Std. kühl stellen.

4

Den Kirschsaft und den Apfelsaft zu der Litschibowle geben, diese in Gläser füllen und servieren.

Kirschen und Litschis mit Minzeblättchen auf **Cocktailspieße** stecken und zu der Bowle servieren.

Feuerzangenbowle

Ein Einheizer für gemütliche Winter-
abende.

Klassiker

Zutaten für 1 Bowlengefäß
von 4 l Inhalt:
2 Zitronen
4 Orangen
1 Zimtstange
4 Gewürznelken
3 Flaschen Rotwein
1 Zuckerhut
350 ml brauner Rum (z. B. Myers Rum
40 % Vol.)

• Zubereitungszeit: 25 Min.

Pro Glas (150 ml) etwa: 590 kJ/140 kcal

1

Die Zitronen und Orangen auspressen.
Den Saft mit der Zimtstange, den Nelken und dem Rotwein in einem Topf
leicht erhitzen.

2

Die Saft-Wein-Mischung in einen Feuer-
zangenbowlentopf umfüllen, dabei
Zimtstange und Nelken entfernen. Den
Zuckerhut auf dem Halter über den
Topf legen, mit etwas Rum tränken und
anzünden.

3

Mit einer Schöpfkelle nach und nach
Rum über den Zuckerhut gießen, bis
dieser vollständig geschmolzen ist.

4

Die heiße Feuerzangenbowle umrühren, in hitzebeständige Gläser oder
Tassen füllen und servieren.

Die Feuerzangenbowle ist die einzige
Bowle, die man **heiß** trinkt.

FUTTERN, FEIERN, FLIRTEN!

Hits aus der trendy Küche

ISBN
3-7742-1683-5
34 Seiten
DM 7,90 • öS 58,00
sFr 7,90

ISBN
3-7742-1688-6
34 Seiten
DM 7,90 • öS 58,00
sFr 7,90

ISBN
3-7742-1689-4
34 Seiten
DM 7,90 • öS 58,00
sFr 7,90

Gutgemacht. Gutgelaunt.

Impressum

©2000 Gräfe und Unzer Verlag GmbH, München. Alle Rechte vorbehalten. Nachdruck, auch auszugsweise, sowie Verbreitung durch Film, Funk und Fernsehen, durch fotomechanische Wiedergabe, Tonträger und Datenverarbeitungssysteme jeder Art, nur mit schriftlicher Genehmigung des Verlages.

➤ *Die Temperaturangaben*
bei Gasherden variieren von Hersteller zu Hersteller. Welche Stufe Ihres Herdes der jeweils angegebenen Temperatur entspricht, entnehmen Sie bitte der Gebrauchsanweisung. Bei Elektroherden können die Backzeiten je nach Herd variieren.

➤ *Vielen Dank!*
Ein herzliches Dankeschön an Seagram Deutschland GmbH, Hochheim am Main, aus deren spirituellem Fundus sich unsere Fotografin bedienen durfte.

Redaktion: Christine Wehling, Nicola Härms | *Lektorat:* Linde Wiesner | *Umschlaggestaltung:* independent Medien - Design / Claudia Fillmann | *Titelfoto:* Martina Görlach / Food Photography Eising | *Grafik:* Studio Greif | *Farbfotos Innenteil:* Fotostudio Teubner | *Herstellung:* Verena Römer | *Satz:* Computersatz Wirth | *Reproduktionen:* Fotolito Longo | *Druck und Bindung:* Alcione
ISBN: 3-7742-1683-5

Auflage: 5.   4.   3.   2.
Jahr: 2004 2003 2002 2001